I0702190

Stefan Stelzhammer

Entlarve die Maschen eines Psychopathen

ISBN: 9798870588094

Inhalt

Vorwort

Als Mediator habe ich mich auf die Vermittlung von Konflikten spezialisiert. Mein Ziel ist es, eine Win-Win-Situation für alle Beteiligten zu schaffen und langfristige Lösungen zu finden.

In meiner Arbeit als Mediator setze ich auf Empathie und Verständnis für beide Seiten. Ich höre aktiv zu und versuche, die Bedürfnisse aller Parteien herauszufinden. Dabei achte ich darauf, dass jeder seine Perspektive darlegen kann und sich gehört fühlt.

Durch gezielte Fragen bringe ich Klarheit in den Konfliktverlauf und erarbeite gemeinsam mit den Beteiligten mögliche Lösungsansätze. Hierbei lege ich großen Wert darauf, dass diese realistisch umsetzbar sind.

Meine Erfahrung zeigt mir immer wieder: Eine erfolgreiche Konfliktlösung basiert auf einer offenen Kommunikation sowie dem Willen beider Seiten zur Zusammenarbeit.

Da ich, neben meiner Tätigkeit als Mediator auch fertigausgebildeter und erfahrener Versicherungs- und Vermögensberater bin, kann ich Ihnen in jeder Lebenslage unterstützend zur Seite stehen.

Als neutraler Dritter stehe ich Ihnen somit gerne und überall zur Seite - kontaktieren Sie mich einfach!

Brief an den Leser

Liebe Leserinnen und Leser,

dieses Sachbuch ist genau das richtige für Sie, wenn wenn Sie das Gefühl haben, dass etwas in Ihrer Beziehung nicht stimmt und Sie sich von Ihrem Partner manipuliert oder kontrolliert fühlen, könnte es sein, dass Sie es mit einem Psychopathen zu tun haben. Diese Menschen sind Meister darin, ihre wahren Absichten und Emotionen zu verbergen und können oft charmant und überzeugend wirken.

In diesem Sachbuch erfahren Sie, wie Sie die Maschen eines Psychopathen erkennen und sich vor ihnen schützen können. Es werden typische Verhaltensmuster aufgezeigt, die darauf hindeuten könnten, dass Ihr Partner ein Psychopath ist, sowie Strategien vorgestellt, um sich aus dieser gefährlichen Situation zu befreien.

Psychopathen haben kein Mitgefühl oder Empathie für andere und nutzen ihre Partner nur aus. Wenn Sie also das Gefühl haben, dass etwas nicht stimmt, sollten Sie schnell handeln und sich Hilfe suchen.

Das Buch ist daher genau das richtige für alle, die den Verdacht haben, in einer toxischen Beziehung mit einem Psychopathen zu stecken.

Ich hoffe, dass Ihnen dieses Buch dabei hilft, erfolgreich und harmonisch durchs Leben zu gehen.

Viel Spaß beim Lesen!

Ihr Stefan Stelzhammer

Der Hilfeschrei

Meine geliebte Nichte,

ich wende mich heute an dich, um dir meine Liebe und Unterstützung auszusprechen. Ich kann nicht anders, als mir Sorgen um dich zu machen und ich weiß, dass du in den Fängen eines Psychopathen bist.

Ich verstehe, dass es schwierig ist, sich von jemandem zu lösen, der einem das Gefühl gibt, dass er oder sie die einzige Person auf der Welt ist, die einen versteht. Aber ich bitte dich inständig: Bitte sei vorsichtig! Dieser Mann ist gefährlich und wird dir auf lange Sicht nur Schmerzen zufügen.

Es bricht mir das Herz zu sehen, wie du keinen Kontakt mehr zu deinen Kindern hast. Du verdienst es nicht, von ihnen getrennt zu sein und sie verdienen es genauso wenig, ohne ihre Mutter aufwachsen zu müssen. Bitte nimm Kontakt mit ihnen auf und lass sie wissen, dass du immer für sie da sein wirst.

Ich habe gehört, dass du ständig den Wohnsitz wechselst – das macht es schwer für uns alle, dich zu finden und Hilfe anzubieten. Aber ich verspreche dir: Wir werden nicht aufgeben. Wir werden immer hier sein und darauf warten, dass du uns brauchst.

Bitte versteh auch: Deine Familie liebt dich bedingungslos. Wir wollen nur dein Bestes und wir sind bereit und willens dazu beizutragen.

Du musst wissen: Es gibt immer einen Ausweg. Du musst nur den Mut haben danach zu suchen und ihn auch anzunehmen. Lass uns gemeinsam nach einer Lösung suchen – eine Lösung für deine Probleme mit dem Psychopathen.

Mit all meiner Liebe und meinem Herzen,

Dein Onkel

Widmung

Dieses Buch ist mit großer Hingabe einer Person gewidmet, die sich gefangen in den Klauen eines Psychopathen befindet. Die Familie dieser Person kämpft unermüdlich darum, wieder Kontakt aufzunehmen und sie aus den Fängen dieses gefährlichen Menschen zu befreien.

Es handelt sich um eine äußerst schwierige Situation für alle Beteiligten, doch die Familie gibt nicht auf. Diese Situation belastet nicht nur die betroffene Person selbst, sondern auch ihre fünf Kinder und ihren Ehemann, welchen sie wegen den Psychopathen verlassen hat.

Mein Ziel ist es, dass dieses Buch dazu beiträgt das Bewusstsein für psychische Gewalt zu stärken und anderen Opfern Mut macht.

Mit diesem Gedanken im Hinterkopf widme ich dieses Buch der betroffenen Person sowie ihrer tapferen Familie. Möge es ihnen helfen ihre Kräfte zu bündeln und gemeinsam eine Lösung zu finden."

Einleitung

In einer Beziehung mit einem Psychopathen zu sein, kann eine erschreckende Erfahrung sein. Diese Menschen haben die Fähigkeit, ihre Partner auf subtile Weise zu manipulieren und zu kontrollieren, ohne dass diese es merken.

Die Maschen eines Psychopathen in der Beziehung sind vielfältig. Zunächst einmal werden sie versuchen, das Vertrauen ihres Partners zu gewinnen, indem sie charmant und einfühlsam wirken. Sie werden oft Komplimente machen und sich bemühen, den Partner glücklich zu machen.

Sobald sie das Vertrauen des Partners gewonnen haben, beginnen sie jedoch damit, ihre wahren Absichten zu enthüllen. Sie werden anfangen, den Partner zu kontrollieren und ihm Schuldgefühle einzureden. Sie werden kritisieren und herabsetzen und den Partner davon überzeugen wollen, dass er ohne sie nichts wert ist.

Psychopathen nutzen auch gerne die Taktik der Isolation. Sie können versuchen, den Partner von Freunden und Familie fernzuhalten oder ihn dazu bringen, seine Hobbys aufzugeben und nur noch Zeit mit ihnen allein zu verbringen.

Ein weiteres Zeichen dafür, dass man es mit einem Psychopathen in der Beziehung zu tun hat, ist das Fehlen von Empathie. Diese Menschen sind nicht in der Lage, sich in andere hineinzuversetzen oder deren Gefühle nachzuvollziehen. Wenn der Partner also Probleme hat oder traurig ist, wird der Psychopath dies entweder ignorieren oder ausnutzen.

Es ist wichtig zu verstehen, dass ein Psychopath keine normale Beziehung führen kann. Es gibt keine Liebe oder echte Verbundenheit – nur Manipulation und Kontrolle. Wenn man das Gefühl hat, dass man in einer solchen Beziehung ist, sollte man sich schnellstmöglich Hilfe suchen und die Beziehung beenden.

Insgesamt gilt: Vertraue deinem Bauchgefühl. Wenn etwas nicht stimmt oder du dich unwohl fühlst, dann ist es wahrscheinlich auch so. Lass dich nicht von einem Psychopathen manipulieren und kontrollieren – du verdienst eine gesunde und liebevolle Beziehung.

Denken/Fühlen des Psychopathen

Der Psychopath zeigt ein Verhalten, das von vielen als unnatürlich und beängstigend wahrgenommen wird. Die folgende Liste von Verhaltensweisen soll die Persönlichkeit des Psychopathen charakterisieren und aufzeigen warum dieser anders ist als der Durchschnitts Mensch. Wie er denkt und Fühlt.

In Anbetracht dessen, dass das Leben eines Psychopathen ausschließlich um ihn selbst kreist, wurde bewusst die Ich-Form gewählt.

Mangel an Empathie: Als Psychopath fühle ich keine Empathie für andere Menschen. Das bedeutet nicht, dass ich sie verachte oder hasse - es ist einfach so, dass ich mich nicht in ihre Lage versetzen kann.

Manipulation: Ich benutze mein Charisma und meinen Charme, um andere zu manipulieren und zu kontrollieren. Ich weiß genau, wie ich meine Mitmenschen dazu bringe, das zu tun, was ich will.

Oberflächlicher Charme: Mein oberflächlicher Charme ermöglicht es mir, schnell Freundschaften zu schließen und Beziehungen aufzubauen. Aber diese Beziehungen sind oft sehr instabil und kurzlebig.

Impulsivität: Ich handle oft impulsiv ohne Rücksicht auf Konsequenzen oder die Gefühle anderer Menschen.

Unfähigkeit zur Reue: Wenn ich einen Fehler mache oder jemandem wehtue, fühle ich keinerlei Reue oder Schuldgefühle.

Egozentrik: Meine Bedürfnisse stehen immer an erster Stelle. Ich denke nur selten über die Auswirkungen meines Handelns auf andere nach.

Kaltblütigkeit: Ich bin in der Lage, selbst in extremen Situationen ruhig und gefühllos zu bleiben.

Aggressivität: In manchen Fällen kann ich sehr aggressiv werden, wenn ich meinen Willen nicht bekomme oder mir jemand im Weg steht.

Oberflächlichkeit: Ich interessiere mich oft nur für Dinge, die mir einen unmittelbaren Vorteil bringen. Tiefere Interessen oder emotionale Bindungen habe ich selten.

Verantwortungslosigkeit: Ich übernehme selten Verantwortung für meine Handlungen und schiebe gerne die Schuld anderen zu.

Diese Liste ist sicherlich nicht vollständig, aber sie gibt einen Eindruck davon, wie es ist, ein Psychopath zu sein.

Für einen Psychopathen ist es normal, so zu denken und zu handeln - auch wenn das für andere Menschen schwer nachvollziehbar ist.

Das Verhalten des Psychopath

Wenn du vermutest, dass dein Partner ein Psychopath sein könnte, solltest du aufmerksam sein und die folgenden Punkte beachten. Es gibt bestimmte Verhaltensmuster, die typisch für Psychopathen sind:

1. Manipulatives Verhalten
2. Mangel an Empathie
3. Geringe Impulskontrolle
4. Oberflächlicher Charme
5. Lügen
6. Kein Schuldbewusstsein
7. Egozentrisches Verhalten

Gemeinsam werden wir nun eine detaillierte Betrachtung dieser sieben Aspekte vornehmen, die das Wesen eines Psychopathen widerspiegeln. Dadurch erhoffen wir uns einen tieferen Einblick in die Denkweise des Psychopathen zu erhalten.

Manipulatives Verhalten: Ein Psychopath ist in der Lage, andere Menschen zu manipulieren, um seine Ziele zu erreichen. Er kann charmant und überzeugend sein, aber auch aggressiv und bedrohlich.

Ein Beispiel:

Der Psychopath trifft sich regelmäßig mit anderen Frauen oder Männern, ohne dies seinem Partner zu sagen. Wenn dieser jedoch Verdacht schöpft und ihn darauf anspricht, reagiert der Psychopath empört und beschuldigt den Partner des Misstrauens und der Eifersucht. Er behauptet, dass sein Partner ihm nicht vertraue und ihm ständig unterstelle, untreu zu sein.

Durch diese Taktik fühlt sich der Partner schließlich unsicher und beginnt an seiner eigenen Wahrnehmung zu zweifeln. Er glaubt dem Psychopathen mehr als seinen eigenen Instinkten und lässt sich so immer weiter manipulieren.

Eine weitere Masche eines Psychopathen in einer Beziehung ist das gezielte Ausspielen von Emotionen. Der Psychopath weiß genau, welche Knöpfe er bei seinem Partner drücken muss, um dessen Aufmerksamkeit oder Zustimmung zu bekommen. So kann er beispielsweise plötzlich sehr traurig oder wütend werden, wenn er merkt, dass sein Partner ihm nicht genügend Beachtung schenkt.

Indem er auf diese Weise die Emotionen seines Partners beeinflusst, kann der Psychopath seine eigenen Ziele durchsetzen - sei es eine größere Freiheit in der Beziehung oder eine bestimmte Entscheidung, die er treffen möchte. Der Partner fühlt sich schließlich verpflichtet, dem Psychopathen entgegenzukommen und dessen Bedürfnisse über seine eigenen zu stellen.

Mangel an Empathie: Psychopathen haben Schwierigkeiten damit, sich in andere Menschen hineinzuversetzen oder ihre Gefühle nachzuvollziehen. Sie können herzlos wirken und scheinen nicht fähig zu sein, Liebe oder Mitgefühl zu empfinden.

Ein Beispiel:

Dein Partner hat einen wichtigen Termin am nächsten Tag und bittet dich, ihm beim Vorbereiten zu helfen. Du stimmst zu und verbringst den Abend damit, ihm bei seinen Aufgaben zu helfen. Doch plötzlich wird er ungeduldig und beginnt dir Vorwürfe zu machen. Er beschuldigt dich, nicht schnell genug oder effektiv genug zu sein und macht deutlich, dass du ihm nichts wert bist.

Du versuchst ruhig zu bleiben und die Situation zu erklären, doch er hört nicht auf dich. Seine Worte werden immer aggressiver und verletzender. Am Ende des Abends bist du erschöpft und traurig - aber dein Partner scheint keine Ahnung davon zu haben.

Dies ist ein klassisches Beispiel für das mangelnde Empathievermögen eines Psychopathen in einer Beziehung. Sie sind nicht in der Lage, sich in die Gefühle anderer hineinzuversetzen oder Verständnis für ihre Bedürfnisse aufzubringen. Stattdessen sehen sie andere Menschen als Werkzeuge an, die ihnen helfen können, ihre eigenen Ziele zu erreichen.

Geringe Impulskontrolle: Ein Psychopath handelt oft impulsiv und ohne Rücksicht auf Konsequenzen oder moralische Werte. Er kann riskante Entscheidungen treffen und unverantwortliches Verhalten zeigen.

Beispiel:

Der Partner des Psychopathen hat ihm gesagt, dass er ein Wochenende lang alleine verreisen möchte, um sich Zeit für sich selbst zu nehmen. Der Psychopath fühlt sich daraufhin zurückgewiesen und empfindet Wut und Verlustangst. Anstatt jedoch seine Emotionen zu kontrollieren und mit seinem Partner darüber zu sprechen, beschließt der Psychopath impulsiv, seinen Partner zu manipulieren.

Er ruft ihn an und behauptet, dass er einen Unfall hatte und im Krankenhaus liegt. Er fleht seinen Partner an, sofort nach Hause zu kommen und bei ihm zu sein. Sein Ziel ist es, den Partner dazu zu bringen, seine Reise abzusagen und stattdessen bei ihm zu bleiben. Obwohl der Psychopath weiß, dass er nicht verletzt ist und nur lügt, um seinen Willen durchzusetzen, kann er nicht widerstehen seiner impulsiven Handlung.

Dieses Beispiel zeigt deutlich das geringe Impulskontrolle eines Psychopathen in einer Beziehung. Sie sind oft unfähig ihre Emotionen angemessen auszudrücken oder ihre Bedürfnisse auf eine gesunde Weise zu kommunizieren. Stattdessen neigen sie dazu, manipulative Taktiken einzusetzen, um Kontrolle über ihren Partner auszuüben. Es ist wichtig, die Maschen eines solchen Verhaltens frühzeitig zu erkennen und geeignete Maßnahmen zum Schutz der eigenen Person ergreifen.

Oberflächlicher Charme: Viele Psychopathen besitzen eine beeindruckende Fähigkeit zur Verführung und können leicht das Interesse anderer Personen wecken. Sie erscheinen oft äußerst selbstbewusst und charismatisch.

Beispiel:

Stell dir vor, du lernst einen Mann kennen, der auf den ersten Blick perfekt zu sein scheint. Er ist attraktiv, intelligent und hat eine Menge Freunde. Schon beim ersten Date merkst du, wie gut er reden kann und wie viel er von der Welt zu wissen scheint. Du fühlst dich sofort von ihm angezogen und bist begeistert von seiner Art.

Im Laufe eurer Beziehung bemerkst du jedoch immer mehr seltsame Verhaltensweisen bei ihm. Er lügt häufig und scheint kein schlechtes Gewissen dabei zu haben. Wenn du ihn darauf ansprichst, reagiert er empört und beschuldigt dich, ihm nicht zu vertrauen. Er gibt dir das Gefühl, dass du diejenige bist, die falsch liegt.

Auch in anderen Situationen zeigt sich sein oberflächlicher Charme: Bei gemeinsamen Freunden gibt er sich als großzügiger Gastgeber aus oder versucht, alle Blicke auf sich zu ziehen. Dabei geht er oft über Grenzen hinweg und nutzt andere Menschen für seine Zwecke aus.

Lügen: Ein Psychopath lügt häufig, um seine Ziele zu erreichen oder um sich selbst in ein besseres Licht zu rücken. Er kann dabei sehr geschickt vorgehen und es fällt ihm schwer, die Wahrheit von der Lüge zu unterscheiden.

Ein Beispiel:

Es ist ein sonniger Tag und du spazierst mit deinem Partner durch den Park. Plötzlich erzählt er dir eine Geschichte, die dich stutzig macht. Er behauptet, dass er gestern Abend zu Hause war und allein ferngesehen hat. Doch du weißt genau, dass er gestern Abend nicht zu Hause war.

Du fragst ihn direkt: "Wo warst du gestern Abend?" Und seine Antwort kommt wie aus der Pistole geschossen: "Ich war doch zu Hause, ich habe nichts gemacht." Du bist verwirrt, denn deine Intuition sagt dir etwas anderes.

Doch dein Partner setzt noch einen drauf: "Warum glaubst du mir nicht? Hast du kein Vertrauen in mich?" Er dreht das Gespräch so um, als ob DU das Problem wärst. Das ist typisch für Psychopathen - sie drehen die Situation immer so hin, dass sie selbst im Recht sind.

In diesem Moment wird dir klar: Dein Partner lügt dich an. Aber warum tut er das? Psychopathen haben oft keine Empathie und können deshalb lügen, ohne sich schuldig zu fühlen. Sie wollen ihre Macht über andere Menschen ausnutzen und tun dies durch Lügen und Manipulation.

Kein Schuldbewusstsein: Ein Psychopath fühlt sich selten schuldig für seine Taten oder Handlungen. Selbst wenn er anderen Schmerz zufügt oder Schaden anrichtet, kann er dies mit Leichtigkeit verdrängen oder rechtfertigen.

Ein Beispiel:

Der Psychopath verspricht immer wieder, seine Verhaltensweisen zu ändern oder mehr Zeit für den Partner aufzubringen, aber dies nie wirklich umsetzt. Stattdessen gibt er dem Partner das Gefühl, dass er ungeduldig oder anspruchsvoll ist und schafft so Schuldgefühle bei ihm.

Wenn der Partner dann endlich den Mut findet, seine Bedürfnisse auszudrücken oder Kritik zu äußern, reagiert der Psychopath oft aggressiv oder abweisend. Er kann nicht akzeptieren, dass jemand ihn infrage stellt oder kritisiert und wird stattdessen versuchen, den Partner zum Schweigen zu bringen.

Egozentrisches Verhalten: Psychopathen haben oft ein übersteigertes Selbstwertgefühl und neigen dazu, andere Menschen als unterlegen zu betrachten. Sie können sehr egoistisch sein und sich nur um ihre eigenen Bedürfnisse kümmern.

Ein Beispiel:

Egozentrisches Verhalten eines Psychopathen in der Beziehung ist, wenn er ständig das Gesprächsthema auf sich selbst lenkt und keine Rücksicht auf die Bedürfnisse und Interessen des Partners nimmt. Er redet nur über seine eigenen Erfolge, Probleme und Wünsche und fordert immer wieder Bestätigung und Bewunderung.

Die Rollen des Psychopath

Psychopathen sind Menschen, die aufgrund ihrer Persönlichkeitsstörung oft als charmant und manipulativ wahrgenommen werden. Sie können in verschiedenen Lebensbereichen auftreten, sei es in der Familie, am Arbeitsplatz oder im Freundeskreis. Besonders gefährlich wird es jedoch, wenn sie in einer Beziehung involviert sind. Hier nutzen sie ihre Fähigkeiten, um den Partner zu kontrollieren und auszunutzen.

Der Psychopath in der Beziehung

Eine Beziehung mit einem Psychopathen kann sehr schwierig sein und oft fühlen sich die Betroffenen hilflos und gefangen. Doch es gibt Verhaltensweisen, die dabei helfen können, die Maschen des Psychopathen zu durchschauen und eine gesunde Distanz aufzubauen.

Ein typisches Verhalten eines Psychopathen ist das sogenannte "Love Bombing". Hierbei überschüttet der Partner den anderen mit Komplimenten, Geschenken und Aufmerksamkeit, um ihn schnell an sich zu binden. Doch Vorsicht: Dieses Verhalten ist oft nur ein Mittel zum Zweck und dient dazu, den anderen emotional abhängig zu machen.

Ein weiteres Anzeichen für einen Psychopathen in der Beziehung ist das ständige Lügen und Manipulieren. Der Partner wird immer wieder belogen und verunsichert, um ihn kontrollieren zu können. Es ist wichtig, hier wachsam zu sein und bei Unstimmigkeiten nachzufragen.

Auch das Fehlen von Empathie und Mitgefühl sind typische Merkmale eines Psychopathen. Sie sind nicht in der Lage, sich in andere hineinzuversetzen oder deren Gefühle ernst zu nehmen. Stattdessen versuchen sie ihre eigenen Bedürfnisse durchzusetzen und gehen dabei über Leichen.

Um sich vor einem solchen Partner zu schützen, empfiehlt es sich, klare Grenzen zu setzen und darauf zu achten, dass man seine eigene Meinung behält. Auch ein offenes Gespräch über die Bedürfnisse in der Beziehung kann helfen, Missverständnisse aus dem Weg zu räumen.

Insgesamt gilt es jedoch, bei einem Psychopathen in der Beziehung vorsichtig zu sein und sich gegebenenfalls Hilfe von außen zu holen. Eine Therapie kann dabei helfen, die eigenen Grenzen zu stärken und eine gesunde Distanz aufzubauen.

Der Psychopath in der Familie

Das Zusammenleben mit einem Psychopathen in der Familie kann eine enorme Herausforderung darstellen. Die Verhaltensweisen und Maschen dieser Menschen können sehr manipulativ und destruktiv sein, wodurch es schwierig wird, eine gesunde Beziehung aufrechtzuerhalten. Doch wie erkennt man die Anzeichen eines Psychopathen und wie geht man am besten damit um?

Eine wichtige Strategie ist, das Verhalten des Betroffenen zu beobachten und zu analysieren. Achte darauf, ob er oder sie andere Menschen ausnutzt oder manipuliert, um seine eigenen Ziele zu erreichen. Auch Lügen und fehlende Empathie können Hinweise auf eine psychopathische Persönlichkeit sein. Es ist wichtig, diese Verhaltensmuster frühzeitig zu erkennen und darauf angemessen zu reagieren.

Ein weiterer wichtiger Tipp ist, den Kontakt zum Psychopathen so weit wie möglich einzuschränken. Dies bedeutet nicht unbedingt einen vollständigen Kontaktabbruch, sondern eher eine Reduktion des Austauschs auf ein Minimum. Wenn du dich gezwungen fühlst, Zeit mit dem betreffenden Familienmitglied zu verbringen, dann versuche dies nur in einer Gruppe von Freunden oder anderen Familienmitgliedern zu tun. Auf diese Weise kannst du sicherstellen, dass du nicht allein mit ihm oder ihr bist.

Schließlich solltest du dich an professionelle Hilfe wenden. Ein erfahrener Therapeut kann dir helfen, deine Gefühle und Gedanken besser zu verstehen und dir dabei helfen, effektive Strategien zur Bewältigung der Situation zu entwickeln. Eine gute therapeutische Beziehung kann auch dazu beitragen, dein Selbstwertgefühl und deine Fähigkeit zu stärken, mit schwierigen Situationen umzugehen.

Insgesamt ist es wichtig, sich bewusst zu sein, dass das Verhalten eines Psychopathen in der Familie schwerwiegende Auswirkungen auf dein Leben haben kann. Es erfordert Geduld, Durchhaltevermögen und die Bereitschaft, professionelle Hilfe in Anspruch zu nehmen, um effektiv damit umzugehen. Dennoch gibt es Möglichkeiten, mit dieser Herausforderung umzugehen und eine gesunde Beziehung aufrechtzuerhalten.

Der Psychopath im Freundeskreis

Im Freundeskreis einen Psychopathen zu haben, kann eine schwierige und belastende Situation sein. Es ist wichtig zu erkennen, dass es nicht deine Schuld ist und du keine Verantwortung für das Verhalten des Psychopathen trägst.

Wenn du vermutest, dass jemand in deinem Freundeskreis ein Psychopath ist, solltest du vorsichtig sein und deine Grenzen klar definieren. Versuche nicht, den Psychopathen zu ändern oder ihm zu helfen - dies wird höchstwahrscheinlich dazu führen, dass er sich noch mehr auf dich konzentriert und versucht, dich weiterhin zu manipulieren.

Stattdessen solltest du lernen, "Nein" zu sagen und deine eigenen Bedürfnisse und Wünsche auszudrücken. Wenn der Psychopath versucht, dich zu manipulieren oder zu kontrollieren, solltest du ihm klar machen, dass dies nicht akzeptabel ist und dass du deine eigene Meinung hast.

Schließlich ist es wichtig, sich von einem Psychopathen zu distanzieren, wenn er eine Gefahr für deine Gesundheit oder Sicherheit darstellt. Vertraue deinem Bauchgefühl und vermeide es, Zeit mit jemandem zu verbringen, der dir unwohl oder unsicher erscheint.

Insgesamt ist es wichtig zu erkennen, dass ein Psychopath in deinem Freundeskreis eine schwierige Situation sein kann. Indem du die Warnsignale erkennst und deine eigenen Grenzen setzt, kannst du jedoch lernen, dich selbst zu schützen und die Maschen des Psychopathen in der Beziehung zu entlarven.

Der Psychopath in der Firma

In vielen Firmen gibt es sie: die Psychopathen. Menschen, die sich durch ihr manipulatives Verhalten und ihre fehlende Empathie auszeichnen. Oftmals sind sie sehr erfolgreich in ihrem Beruf, da sie keine Skrupel haben, andere zu manipulieren oder auszunutzen. Doch wie erkennt man einen solchen Kollegen? Ein typisches Merkmal ist das Fehlen von Schuldgefühlen oder Reue für ihr Handeln. Sie können auch sehr charmant sein und versuchen, anderen zu gefallen, um ihre Ziele zu erreichen.

Um mit einem Psychopathen am Arbeitsplatz umzugehen, ist es wichtig, seine Maschen zu entlarven. Achte auf ungewöhnliche Verhaltensweisen oder Aussagen deines Kollegen und hinterfrage diese kritisch. Wenn du das Gefühl hast, dass etwas nicht stimmt, solltest du dich an eine Vertrauensperson wenden oder professionelle Hilfe suchen.

Es ist auch wichtig, klare Grenzen zu setzen und sich nicht von dem Charme des Psychopathen blenden zu lassen. Lass dich nicht dazu verleiten, Dinge zu tun, die gegen deine Überzeugungen oder Werte verstoßen. Sei vorsichtig bei der Weitergabe von Informationen und achte darauf, dass du nicht zum Werkzeug des Psychopathen wirst.

Zudem solltest du versuchen, deine Emotionen unter Kontrolle zu halten und ruhig zu bleiben. Ein Psychopath kann schnell aggressiv werden oder versuchen, dich emotional zu manipulieren. Bleibe daher sachlich und konzentriere dich auf die Fakten.

Letztendlich ist es wichtig, sich bewusst zu machen, dass ein Zusammenarbeiten mit einem Psychopathen sehr schwierig sein kann und dass es in manchen Fällen besser ist, sich von dieser Person zu distanzieren. Vertraue auf dein Bauchgefühl und handle entsprechend. Die Rollen des Psychopathen

Der Psychopath zeigt kein echtes Interesse am Partner oder seinen Gefühlen, sondern nutzt ihn als Mittel zum Zweck, um seine eigenen Ziele zu erreichen. Er manipuliert und kontrolliert den Partner durch Lügen, Versprechungen und Drohungen und setzt ihn unter Druck, um seine eigenen Bedürfnisse zu befriedigen.

Wenn du mehrere dieser Merkmale bei deinem Partner erkennst, solltest du vorsichtig sein und dich möglicherweise von ihm trennen. Eine Beziehung mit einem Psychopathen kann sehr schädlich sein und dein Leben negativ beeinflussen. Es ist wichtig, auf deine eigene Sicherheit und Wohlbefinden zu achten.

Ein Psychopath verhält sich oft manipulativ und egozentrisch. Sie haben Schwierigkeiten, Empathie für andere zu empfinden und neigen dazu, impulsiv zu handeln. Sie können auch sehr charmant und überzeugend sein, wenn es darum geht, ihre Ziele zu erreichen.

Psychopathen können auch ein hohes Maß an Selbstvertrauen und Selbstsicherheit aufweisen, was sie oft als Führer oder Entscheidungsträger in Unternehmen oder Organisationen qualifiziert. Sie sind jedoch auch oft risikobereit und nehmen wenig Rücksicht auf die Konsequenzen ihrer Handlungen.

In Beziehungen können Psychopathen sehr manipulativ sein und ihre Partner emotional ausnutzen. Sie können auch sehr schnell von einer Person zur nächsten wechseln, da sie Schwierigkeiten haben, eine tiefe emotionale Bindung aufrechtzuerhalten.

Es ist wichtig zu beachten, dass nicht alle Menschen mit psychopathischen Tendenzen kriminell sind oder Gewalttaten begehen.

Viele Psychopathen leben ein normales Leben und haben erfolgreiche Karrieren. Es ist jedoch wichtig, sich bewusst zu sein, wie man mit ihnen umgeht und wie man sich vor ihren manipulativen Taktiken schützt.

Im Kopf eines Psychopathen

Psychopathen sind Menschen, die aufgrund ihrer Persönlichkeitsstörung oft als gefährlich und manipulativ wahrgenommen werden. Doch was geht eigentlich in ihrem Kopf vor?

Zunächst einmal ist es wichtig zu verstehen, dass Psychopathie eine komplexe Störung ist, die sich auf verschiedene Bereiche der Persönlichkeit auswirkt. Ein Psychopath zeichnet sich durch eine geringe Empathiefähigkeit, ein fehlendes Schuldgefühl und eine Neigung zu impulsivem Verhalten aus.

Im Gehirn eines Psychopathen gibt es bestimmte Unterschiede im Vergleich zu einem "normalen" Gehirn. So haben Studien gezeigt, dass bei Psychopathen bestimmte Regionen im Gehirn weniger aktiv sind, die für Empathie und moralisches Urteilsvermögen zuständig sind. Gleichzeitig sind jedoch andere Regionen im Gehirn stärker aktiviert, die mit Belohnung und Lustempfinden in Verbindung stehen.

Das bedeutet, dass ein Psychopath zwar in der Lage ist, Emotionen anderer Menschen wahrzunehmen, aber nicht in der Lage ist, sie angemessen zu interpretieren oder darauf zu reagieren. Stattdessen kann er Situationen nur anhand von Fakten und rationalen Überlegungen bewerten. Das führt dazu, dass er oft kalt und berechnend wirkt und seine Handlungen nicht von moralischen Prinzipien geleitet werden.

Es ist jedoch wichtig zu betonen, dass nicht alle Psychopathen gleich sind. Es gibt verschiedene Ausprägungen der Störung und nicht jeder Psychopath zeigt zwangsläufig gewalttätiges oder kriminelles Verhalten. Viele Psychopathen leben ein normales Leben und haben sogar erfolgreiche Karrieren in Berufen wie Wirtschaft, Politik oder Medizin.

Insgesamt lässt sich sagen, dass im Kopf eines Psychopathen vor allem eine geringe Empathiefähigkeit und ein fehlendes moralisches Urteilsvermögen vorherrschen. Dies führt dazu, dass er oft egoistisch und manipulativ handelt und die Bedürfnisse anderer Menschen nicht angemessen berücksichtigt.

Wie reagiert er auf Kritik

Ein Psychopath reagiert auf Kritik in der Regel anders als ein durchschnittlicher Mensch. Da Psychopathen oft ein geringes Empathievermögen haben und Schwierigkeiten haben, Emotionen anderer Menschen zu verstehen oder zu teilen, können sie Kritik als Bedrohung für ihr Selbstbild und ihre Kontrolle über andere empfinden.

Psychopathen neigen dazu, sich selbst als überlegen und unfehlbar zu betrachten, was bedeutet, dass sie Kritik nicht akzeptieren oder sich dagegen wehren werden. Sie können versuchen, die Person, die sie kritisiert hat, zu manipulieren oder zu bedrohen, um ihre Macht und Kontrolle aufrechtzuerhalten.

Es ist wichtig zu beachten, dass nicht alle Psychopathen gleich sind und dass einige möglicherweise besser in der Lage sind, Kritik zu akzeptieren und angemessen darauf zu reagieren. Es hängt auch von der Art der Kritik ab - konstruktive Kritik kann von einem Psychopathen möglicherweise besser angenommen werden als persönliche Angriffe.

Insgesamt ist es jedoch wichtig zu erkennen, dass das Verhalten eines Psychopathen oft von einer tief verwurzelten Störung geprägt ist und dass es schwierig sein kann, mit ihnen umzugehen. Wenn Sie mit einem Psychopathen arbeiten oder leben müssen, ist es am besten, professionelle Hilfe in Anspruch zu nehmen und sich auf die Entwicklung von Strategien zur Bewältigung ihres Verhaltens zu konzentrieren.

Die Warnsignale

Ein Psychopath kann charmant und manipulativ sein, um seine Partner zu kontrollieren und auszunutzen. Es gibt jedoch einige Warnsignale, auf die man achten sollte, um frühzeitig eine toxische Beziehung zu erkennen.

Ein häufiges Warnsignal ist das Fehlen von Empathie. Ein Psychopath hat Schwierigkeiten, sich in andere hineinzuversetzen oder ihre Gefühle zu verstehen. Sie können extrem egoistisch und rücksichtslos sein und keine Verantwortung für ihr Verhalten übernehmen.

Ein weiteres Anzeichen für einen Psychopathen ist ein ständiges Bedürfnis nach Aufmerksamkeit und Bewunderung. Sie wollen immer im Mittelpunkt stehen und sind bereit, alles zu tun, um dies zu erreichen. Dies kann dazu führen, dass sie ihren Partner vernachlässigen oder sogar betrügen, um ihre eigenen Bedürfnisse zu befriedigen.

Psychopathen neigen auch dazu, impulsiv und aggressiv zu sein. Sie können schnell wütend werden und haben keine Kontrolle über ihre Emotionen. Dies kann dazu führen, dass sie ihren Partner verbal oder körperlich missbrauchen.

Schließlich nutzen Psychopathen oft Lügen und Manipulationstechniken, um ihre Partner zu täuschen und zu kontrollieren. Sie können Dinge erfinden oder übertreiben, um ihr eigenes Image aufrechtzuerhalten oder ihre Partner davon abzuhalten, die Wahrheit herauszufinden.

Wenn Sie eines dieser Warnsignale bei Ihrem Partner bemerken, sollten Sie vorsichtig sein und sich möglicherweise von der Beziehung zurückziehen. Es ist wichtig, auf Ihre Intuition zu hören und sich nicht von den charmanten Fassaden eines Psychopathen täuschen zu lassen.

Die Opferwahl

Psychopathen sind Meister darin, ihre Opfer auszuwählen und zu manipulieren. Sie haben ein ausgeprägtes Gespür dafür, wer für sie am leichtesten zu kontrollieren und auszunutzen ist.

Ein wichtiger Faktor bei der Auswahl eines Opfers ist die Vulnerabilität. Psychopathen suchen gezielt nach Menschen, die emotional instabil sind oder sich in einer schwierigen Lebenssituation befinden. Diese Personen sind oft einsam, verletzlich und auf der Suche nach Liebe und Zuneigung. Der Psychopath nutzt diese Schwäche aus, um das Vertrauen des Opfers zu gewinnen und es dann zu manipulieren.

Ein weiterer wichtiger Faktor ist die Persönlichkeit des Opfers. Psychopathen suchen nach Menschen, die empfänglich für ihre Taktiken sind. Dazu gehören Personen, die leicht beeinflussbar sind oder ein geringes Selbstwertgefühl haben. Diese Menschen neigen dazu, sich schnell von anderen abhängig zu machen und lassen sich leicht von Manipulationen überzeugen.

Psychopathen nutzen auch gerne ihre charmante und manipulative Art, um ihr Opfer zu umwerben. Sie geben vor, das Interesse an den Interessen des Opfers zu haben und schaffen eine Atmosphäre des Vertrauens und der Intimität. Auf diese Weise können sie das Opfer dazu bringen, ihnen Informationen preiszugeben oder Dinge für sie zu tun.

Insgesamt suchen Psychopathen gezielt nach Menschen, die ihnen am leichtesten ausgeliefert sind. Sie nutzen ihre Fähigkeiten zur Manipulation und Täuschung geschickt aus, um ihr Ziel zu erreichen. Es ist wichtig, wachsam zu sein und sich bewusst zu sein, dass es Menschen gibt, die bereit sind, andere auszunutzen.

Das Zusammenleben

Es ist schwer zu verstehen, warum jemand mit einem Psychopathen zusammenleben würde. Schließlich sind diese Menschen bekannt dafür, dass sie andere manipulieren, belügen und betrügen können, um ihre eigenen Ziele zu erreichen. Dennoch gibt es viele Gründe, warum eine Person in einer Beziehung mit einem Psychopathen bleiben könnte.

Ein Grund dafür könnte sein, dass die Person nicht erkennt, dass ihr Partner ein Psychopath ist. Oftmals verstecken sich diese Menschen hinter einer charmanten Fassade und können sehr überzeugend sein. Sie wissen genau, wie sie ihr Gegenüber beeinflussen können und nutzen dieses Wissen aus, um ihre Ziele zu erreichen. Eine Person kann also jahrelang mit einem Psychopathen zusammenleben, ohne zu realisieren, wer ihr Partner wirklich ist.

Ein weiterer Grund könnte darin liegen, dass die betroffene Person bereits emotional abhängig von ihrem Partner ist. Ein Psychopath kann seine Opfer oft sehr geschickt manipulieren und dazu bringen, ihm bedingungslos zu folgen. Diese emotionale Abhängigkeit kann dazu führen, dass die betroffene Person trotz aller Warnsignale in der Beziehung bleibt.

Es gibt jedoch auch Fälle, in denen eine Person bewusst mit einem Psychopathen zusammenbleibt – zum Beispiel aus Angst vor den Konsequenzen einer Trennung oder weil sie glaubt, dem Partner helfen zu müssen. In solchen Situationen ist es wichtig, die Maschen des Psychopathen zu durchschauen und gezielt gegen dessen Manipulationstechniken vorzugehen.

Insgesamt gilt: Wer einmal in einer Beziehung mit einem Psychopathen steckt, hat es schwer. Doch es gibt Wege, sich aus dieser Situation zu befreien. Eine professionelle Beratung und gezielte Unterstützung können hierbei helfen. Wichtig ist es jedoch vor allem, die Maschen des Psychopathen zu entlarven und sich bewusst zu machen, wer der Partner wirklich ist. Nur so kann eine Person den Mut finden, sich aus der Beziehung zu lösen und ein neues Leben ohne Manipulation und Kontrolle zu beginnen.

Das Opfer und der Psychopathen

Wenn man sich in einer Beziehung mit einem Psychopathen befindet, kann es sehr schwierig sein, sich von ihm zu lösen. Diese Art von Menschen sind oft sehr manipulativ und kontrollierend, was es schwer macht, sich aus ihrer Umklammerung zu befreien. Doch es gibt einige Schritte, die man unternehmen kann, um sich von einem Psychopathen zu lösen.

Der erste Schritt ist, die Situation zu erkennen und zu akzeptieren. Es ist wichtig zu verstehen, dass man in einer Beziehung mit einem Psychopathen ist und dass dies nicht normal oder gesund ist. Man sollte sich bewusst machen, dass der Psychopath versucht hat, einen emotional abhängig von ihm zu machen und dass er wahrscheinlich versuchen wird, einen zurückzugewinnen.

Der zweite Schritt ist, eine Unterstützungssystem aufzubauen. Es kann sehr hilfreich sein, Freunde oder Familienmitglieder um Hilfe und Unterstützung zu bitten. Eine Therapie kann auch sehr nützlich sein, um die eigenen Gedanken und Gefühle besser zu verstehen und um Strategien für den Umgang mit dem Psychopathen zu entwickeln.

Der dritte Schritt ist, klare Grenzen zu setzen. Es ist wichtig zu wissen, was man will und was man nicht will. Man sollte dem Psychopathen deutlich machen, dass man sich von ihm trennen möchte und dass es keine Möglichkeit gibt, die Beziehung fortzusetzen.

Der vierte Schritt ist dann konsequent bleiben. Der Psychopath wird wahrscheinlich versuchen, einen zurückzugewinnen oder Rache nehmen wollen. Es ist wichtig standhaft zu bleiben und klare Grenzen aufrechtzuerhalten.

Insgesamt erfordert das Lösen von einem Psychopathen viel Mut und Durchhaltevermögen. Doch es ist wichtig zu wissen, dass man nicht alleine ist und dass es Hilfe und Unterstützung gibt. Mit der richtigen Strategie und Unterstützung kann man sich erfolgreich von einem Psychopathen lösen.

Es gibt viele Gründe, warum ein Opfer zum Psychopathen hält. Einer der Hauptgründe ist das Gefühl der Abhängigkeit und der Kontrolle, die der Psychopath über das Opfer hat. Der Psychopath kann das Opfer manipulieren und beeinflussen, um es zu glauben, dass er oder sie der einzige Mensch ist, auf den sich das Opfer verlassen kann.

Ein weiterer Grund ist die Angst vor den Konsequenzen, wenn das Opfer versucht, sich von dem Psychopathen zu lösen. Der Psychopath kann Drohungen aussprechen oder sogar Gewalt anwenden, um sicherzustellen, dass das Opfer bei ihm bleibt. Das Opfer kann auch befürchten, dass es ohne den Psychopathen nicht in der Lage sein wird, alleine zu leben oder dass es keine Unterstützung von anderen Menschen erhalten wird.

Manchmal hält das Opfer auch aus Liebe zum Psychopathen an ihm fest. Das Opfer kann glauben, dass der Psychopath eine Veränderung durchmachen wird oder dass er oder sie tief im Inneren ein guter Mensch ist. Das Opfer kann auch glauben, dass es in einer Beziehung mit dem Psychopathen glücklich sein wird und dass es keine bessere Option gibt.

In jedem Fall ist es wichtig zu verstehen, dass das Opfer nicht schuldig ist und dass es Hilfe braucht, um aus dieser gefährlichen Situation herauszukommen. Es ist wichtig für Freunde und Familie des Opfers sowie für professionelle Helferinnen und Helfer, Unterstützung anzubieten und dem Opfer zu helfen, sich von dem Psychopathen zu lösen und ein Leben ohne Angst und Kontrolle zu führen.

Die Gedankenkontrolle

Ein Psychopath ist ein Meister der Manipulation und Kontrolle. Seine Fähigkeit, die Gedanken seines Partners zu kontrollieren, ist eine seiner gefährlichsten Waffen in einer Beziehung. Der Psychopath nutzt verschiedene Techniken, um seinen Partner zu beeinflussen und seine eigenen Ziele zu erreichen.

Eine häufige Taktik eines Psychopathen ist es, das Selbstwertgefühl seines Partners zu untergraben. Er wird ihm immer wieder sagen, dass er nicht gut genug ist oder dass er etwas falsch gemacht hat. Dadurch fühlt sich der Partner unsicher und abhängig vom Psychopathen. Je mehr dieser negative Gedanken in den Kopf des Partners gepflanzt werden, desto leichter kann der Psychopath ihn manipulieren.

Der Psychopath setzt auch gerne Schuldgefühle ein, um seinen Partner zu kontrollieren. Er wird ihm Vorwürfe machen und ihm die Schuld für Dinge geben, die eigentlich seine eigene Verantwortung sind. Auf diese Weise fühlt sich der Partner schuldig und will dem Psychopathen alles recht machen, um seine Liebe zurückzugewinnen.

Ein weiteres Mittel zur Kontrolle von Gedanken des Partners ist die Isolation. Der Psychopath wird versuchen, den Partner von Freunden und Familie fernzuhalten. Dadurch hat er selbst mehr Einfluss auf ihn und kann besser darauf achten, dass keine anderen Personen den Partner aus seiner Kontrolle befreien können.

Letztendlich nutzt der Psychopath all diese Methoden dazu, um seinen eigenen Nutzen zu maximieren. Er sieht seinen Partner als Werkzeug an und benutzt ihn für seine Zwecke. Es ist wichtig für jeden in einer Beziehung mit einem solchen Menschen, die Maschen des Psychopathen zu erkennen und sich so schnell wie möglich von ihm zu lösen. Es ist jedoch oft schwierig, sich von einem Psychopathen zu lösen. Denn der Partner hat bereits so viel Zeit und Energie in die Beziehung investiert, dass er glaubt, es sei schwer ohne den anderen weiterzumachen. Der Psychopath wird diese Unsicherheit ausnutzen und versuchen seinen Partner zurückzugewinnen oder ihn noch tiefer in seine Kontrolle hineinzuziehen.

Aus den Fängen befreien

Zunächst einmal ist es wichtig, die Maschen des Psychopathen zu entlarven. Ein Psychopath ist ein Meister der Täuschung und versteckt seine wahren Absichten geschickt hinter einer charmanten Fassade. Deshalb sollte man bei verdächtigem Verhalten genau hinsehen und versuchen, die Motivation des Partners zu verstehen.

Ein weiterer wichtiger Schritt ist, das eigene Selbstbewusstsein zu stärken. Der Psychopath nutzt oft Unsicherheiten und Schwächen seines Partners aus, um ihn zu kontrollieren. Indem man an sich selbst arbeitet und sich selbst akzeptiert, kann man diese Schwachstellen minimieren und dem Psychopathen weniger Angriffsfläche bieten.

Es ist auch wichtig, Hilfe von außen anzunehmen. Eine Therapie oder Beratung kann dabei helfen, die eigene Situation besser zu verstehen und Handlungsoptionen zu entwickeln. Auch Freunde oder Familie können eine wichtige Stütze sein und helfen, den Weg aus der Beziehung mit einem Psychopathen zu finden.

Letztlich muss das Opfer aber selbst entscheiden, wann der richtige Zeitpunkt gekommen ist, um sich von seinem Partner zu trennen. Es kann ein schwieriger Schritt sein, doch es ist wichtig, dass man erkennt, dass eine Beziehung mit einem Psychopathen niemals gesund sein wird. Mit Unterstützung und einem starken Willen kann man sich aus dieser belastenden Situation lösen und ein neues, glücklicheres Leben beginnen.

Die Schwächen des Psychopathen

Psychopathen sind Menschen, die oft als gefährlich und manipulativ angesehen werden. Sie haben jedoch auch Schwächen, die es ihnen schwer machen, in der Gesellschaft zu leben.

Eine der größten Schwächen von Psychopathen ist ihre Unfähigkeit, Emotionen zu empfinden oder Empathie für andere zu zeigen. Dies kann dazu führen, dass sie sich isoliert und allein fühlen, da sie keine Verbindung zu anderen aufbauen können. Es kann auch dazu führen, dass sie sich in gefährliche Situationen begeben, da sie nicht verstehen können, wie ihre Handlungen andere beeinflussen können.

Ein weiterer Nachteil von Psychopathen ist ihre Tendenz zur impulsiven Entscheidungsfindung. Sie neigen dazu, schnelle Entscheidungen ohne viel Nachdenken oder Planung zu treffen. Dies kann zu Fehlern und schlechten Entscheidungen führen, die langfristige Konsequenzen haben können.

Psychopathen haben auch Schwierigkeiten bei der Einhaltung von Regeln und Vorschriften. Sie neigen dazu, Gesetze zu brechen und sozial akzeptierte Verhaltensweisen zu ignorieren. Dies kann dazu führen, dass sie sich in rechtliche Schwierigkeiten bringen oder von anderen gemieden werden.

Schließlich haben Psychopathen oft Probleme damit, Beziehungen aufrechtzuerhalten. Da sie keine Empathie oder emotionale Bindung empfinden können, finden sie es schwer, enge Freundschaften oder romantische Beziehungen aufzubauen. Dies kann dazu führen, dass sie sich einsam und unverstanden fühlen.

Insgesamt haben Psychopathen viele Schwächen, die es ihnen schwer machen, ein erfülltes Leben zu führen. Obwohl sie oft als gefährlich und manipulativ angesehen werden, sind sie auch Opfer ihrer eigenen Einschränkungen und haben Schwierigkeiten, in der Gesellschaft zu leben.

Tipps und Tricks

Wenn du das Gefühl hast, dass dein Partner ein Psychopath ist, dann solltest du unbedingt handeln. Hier sind einige Tipps und Tricks, die dir helfen können, dich gegen einen Psychopathen in deiner Beziehung zu wehren:

Vertraue deinem Bauchgefühl: Wenn du das Gefühl hast, dass etwas nicht stimmt oder wenn dein Partner dich manipuliert oder kontrolliert, dann vertraue deinem Bauchgefühl. Es ist wichtig, auf deine Intuition zu hören und nicht einfach alles hinzunehmen.

Achte auf Warnsignale: Ein Psychopath kann sich sehr charmant und liebevoll geben, aber es gibt immer wieder Anzeichen dafür, dass etwas nicht stimmt. Zum Beispiel könnte dein Partner schnell wütend werden oder dich ständig kritisieren. Auch wenn er/sie ständig lügt oder unzuverlässig ist, solltest du vorsichtig sein.

Lerne die Maschen eines Psychopathen kennen: Ein Psychopath kann sehr geschickt darin sein, andere Menschen zu manipulieren und zu kontrollieren. Informiere dich über seine/ihre typischen Verhaltensmuster und Methoden der Manipulation.

Setze Grenzen: Ein Psychopath wird versuchen, deine Grenzen zu überschreiten und dich dazu zu bringen, Dinge zu tun, die du eigentlich nicht möchtest. Sei klar und deutlich in deinen Aussagen und setze klare Grenzen.

Lass dich nicht einschüchtern: Ein Psychopath kann sehr aggressiv werden und versuchen, dich einzuschüchtern. Stehe für dich ein und zeige ihm/ihr deutlich, dass du nicht bereit bist, dich unterdrücken zu lassen.

Suche Unterstützung: Wenn du das Gefühl hast, dass du alleine nicht mehr weiterkommst, suche dir Hilfe bei Freunden oder Familienmitgliedern. Es gibt auch professionelle Beratungsstellen für Opfer von psychischer Gewalt.

Beende die Beziehung: Wenn alles andere fehlschlägt und dein Partner sich als Psychopath erweist, dann solltest du die Beziehung beenden. Es ist wichtig, dich selbst und deine Gesundheit an erste Stelle zu setzen.

Insgesamt ist es wichtig, aufmerksam zu sein und deine Grenzen zu kennen und zu schützen. Lass dich nicht manipulieren oder kontrollieren und setze klare Grenzen. Wenn nötig, suche dir Unterstützung und beende die Beziehung, wenn sie für dich ungesund ist.

Häufig gestellte Fragen

Wie erkenne ich einen Psychopathen in einer Beziehung?

Ein Psychopath zeigt oft ein manipulatives Verhalten und hat Schwierigkeiten, Empathie zu empfinden oder Beziehungen aufzubauen. Sie können sehr charmant sein, aber auch impulsiv und aggressiv.

Was sind die roten Flaggen, auf die ich achten sollte?

Einer der größten Indikatoren für einen Psychopathen ist eine mangelnde Empathie. Wenn Ihr Partner keine Rücksicht auf Ihre Gefühle nimmt oder sich nicht in Ihre Lage versetzen kann, könnte dies ein Zeichen dafür sein.

Kann ein Psychopath lieben?

Es ist möglich, dass ein Psychopath Liebe empfindet, aber es wird oft als oberflächlich und unecht beschrieben. Sie können Liebe als Mittel zum Zweck betrachten und sie ausnutzen, um ihre eigenen Bedürfnisse zu befriedigen.

Warum manipulieren Psychopathen ihre Partner?

Für Psychopathen geht es oft darum, Macht und Kontrolle über andere Menschen zu haben. Durch Manipulation können sie das Verhalten ihres Partners beeinflussen und ihre eigenen Bedürfnisse befriedigen.

Wie kann ich mich vor einem psychopathischen Partner schützen?

Achten Sie auf Warnsignale wie mangelnde Empathie und Impulsivität. Setzen Sie klare Grenzen und lassen Sie sich nicht von Ihrem Partner manipulieren. Wenn Sie das Gefühl haben, dass etwas nicht stimmt, suchen Sie professionelle Hilfe.

Können Psychopathen geheilt werden?

Es gibt keine Heilung für Psychopathie, aber einige Therapien können helfen, das Verhalten zu kontrollieren und die Symptome zu mildern. Es ist jedoch wichtig zu beachten, dass viele Psychopathen keine Hilfe suchen oder glauben, dass sie ein Problem haben.

Was soll ich tun, wenn ich vermuten, dass mein Partner ein Psychopath ist?

Wenn Sie glauben, dass Ihr Partner ein Psychopath ist, suchen Sie professionelle Hilfe. Eine psychologische Untersuchung kann helfen, die Diagnose zu bestätigen und Ihnen dabei helfen, sich vor möglichen Gefahren zu schützen.

Schlusswort

Bekanntschaften und/oder Beziehungen mit einem Psychopathen können sehr gefährlich sein. Es ist wichtig, die Maschen eines solchen Menschen zu erkennen und sich davor zu schützen.

Ein Psychopath zeichnet sich durch eine mangelnde Empathie aus. Er kann keine Emotionen anderer Menschen nachvollziehen und hat kein Mitgefühl. Das bedeutet, dass er in der Lage ist, andere Menschen zu manipulieren und auszunutzen, ohne ein schlechtes Gewissen zu haben.

In einer Beziehung mit einem Psychopathen gibt es oft Anzeichen für seine Manipulationstaktiken. Er wird versuchen, Sie von Ihren Freunden und Ihrer Familie fernzuhalten, um Sie vollständig unter Kontrolle zu haben. Er wird auch versuchen, Ihre Selbstachtung zu zerstören und Sie davon zu überzeugen, dass Sie nichts wert sind.

Ein weiteres Merkmal eines Psychopathen ist seine Fähigkeit, Lügen glaubhaft darzustellen. Er wird Ihnen immer wieder Versprechen machen, die er nicht halten wird. Wenn Sie ihn damit konfrontieren, wird er jedoch behaupten, dass Sie falsch liegen oder dass es nur ein Missverständnis war.

Es ist wichtig, die Maschen eines Psychopathen frühzeitig zu erkennen und sich dagegen zu wehren. Wenn Sie das Gefühl haben, dass Ihr Partner manipulativ ist oder Ihre Beziehung nicht gesund ist, sollten Sie professionelle Hilfe in Anspruch nehmen.

In meinem Buch "Entlarve die Maschen eines Psychopathen" beschreibe ich aus meiner Praxiserfahrung als Mediator meine eigenen Erfahrungen mit Personen.

Abschließend möchte ich sagen, dass es wichtig ist, auf sich selbst aufzupassen und Ihre eigene Gesundheit und Sicherheit immer an erster Stelle zu setzen. Wenn Sie das Gefühl haben, dass etwas nicht stimmt, zögern Sie nicht, um Hilfe zu bitten. Es gibt immer Unterstützung und Möglichkeiten, sich aus den Fängen eines Psychopathen zu befreien.

Meine Internetpräsenz

Um stets auf dem neuesten Stand zu bleiben, lieber Leser, können Sie jederzeit die Websites stelzhammer.info oder https://www.instagram.com/stefan.stelzhammer besuchen und meine aktuellen Buchveröffentlichungen verfolgen.

In meinen Publikationen möchte ich Ihnen helfen, Ihre Konflikte eigenständig zu lösen und Ihnen dabei das erforderliche Wissen vermitteln. Zusätzlich stehe ich gerne für persönliche Termine zur Verfügung, um den Konflikt gemeinsam mit Ihnen zu besprechen.

Sofern Sie zu dem hier vorliegenden Werk Fragen, Anregungen, Lob oder Kritik haben, freuen wir uns über eine Kontaktaufnahme
unter www.stelzhammer.info oder per E-Mail
an mediation@stelzhammer.info.

Mit freundlichen Grüßen,
Stefan Stelzhammer

Weiterführende Informationen

Als weiterführende Lektüre empfehle ich folgende Werke von mir zu lesen:

Alleiniges Sorgerecht —:
Wenn der Vater ein Narzisst ist
// ISBN-13 : 979-8840979518

Dieses Buch handelt von einer alleinerziehenden Mutter von zwei minderjährigen Kindern, welche sich 10 Jahre lang in einer toxischen Beziehung mit einem Narzissten befand und nun ihr Martyrium beendet hat, indem sie den Narzissten in seine Schranken gewiesen und das alleinige Sorgerecht für ihre Kinder beantragt hat. Auf den folgenden Seiten können Sie nicht nur das Schicksal dieser Frau nachlesen, sondern Sie bekommen auch einen guten Überblick über die Merkmale und Verhaltensmuster einer stark narzisstisch ausgeprägten Persönlichkeit.

**Die toxische Beziehung mit einem Narzissten:
- ein Erfahrungsbericht
// ISBN-13 : 979-8848679656**

Mein aktuelles Buch beschäftigt sich mit allen Blickwinkeln rund um die einvernehmliche Scheidung. Dabei gehe ich sehr genau auf den Scheidungsantrag, die Scheidungsvereinbarung und die Scheidungsverhandlung, die gesetzlichen Regelungen, sowie die Voraussetzungen für das erfolgreiche Zustandekommen einer einvernehmlichen Scheidung ein. Als Ratgeber konzipiert, soll Ihnen dieses Buch das nötige Rüstzeug für Ihre eigene Scheidung geben und Sie auf Ihrem Weg zu einem neuen Leben begleiten.

Alle meine Bücher finden Sie auch auf
www.amazon.de
oder unter
https://stelzhammer.info/publikationen